Tableaux Modernes

ET ANCIENS

Aquarelles, Pastels, Dessins

GRAVURES

COMMISSAIRE-PRISEUR
M° F. LAIR-DUBREUIL

EXPERTS
MM. GRAAT ET MADOULÉ

CATALOGUE

DES

TABLEAUX MODERNES

ET ANCIENS

Par

BAIL (JOSEPH), BAUDRY (P.), CARAUD, COURANT (M.), DEFAUX, DUEZ (E.),
GERVEX, GIACOMETTI, GITTARD,
GROSJEAN, GUELDRY, GUICHARD, HÉREAU,
HERMANN-LÉON, JACQUAND, JADIN, LAMBERT, LANSYER,
LE COMTE DU NOUY, LEMAIRE (MADELEINE),
PATEL, PELOUSE, QUINTON, RENOUF, REYNAUD, ROUSSEAU (PH.),
SCHALKEN, WASHINGTON, WEWER, WILLEMS, YUNDT

AQUARELLES, PASTELS, DESSINS

GRAVURES

Dont la vente aux enchères publiques aura lieu

HOTEL DROUOT, SALLE N° 11

Le Samedi 2 Mai 1908, à deux heures précises

COMMISSAIRE-PRISEUR	EXPERTS
Mᵉ F. LAIR-DUBREUIL	MM. GRAAT ET MADOULÉ
6, rue Favart	6, rue Godot-de-Mauroi

EXPOSITION PUBLIQUE

Le Vendredi 1ᵉʳ Mai 1908, de 2 heures à 6 heures

CONDITIONS DE LA VENTE

Elle sera faite au comptant.

Les adjudicataires payeront *dix pour cent* en sus des enchères.

Paris. — Imp. de l'Art. CH. BERGER et Cⁱᵉ, 41, rue de la Victoire.

DÉSIGNATION

TABLEAUX

MODERNES ET ANCIENS

BAIL (Joseph)

1 — *Fleurs des champs et encensoir.*

Signé à droite.

Toile. Haut., 60 cent.; larg., 74 cent.

BAIL (Joseph)

2 — *Poisson et Bassin en cuivre.*

Signé à droite.

Toile. Haut., 60 cent.; larg., 74 cent.

BAUDRY (Paul)

3 — *Rêverie.*

Signé à droite et daté : *1865.*

Toile. Haut., 74 cent.; larg., 1 m. 80 cent.

CARAUD (J.)

4 — *Soubrette.*

Signé à droite.

Toile. Haut., 60 cent.; larg'., 45 cent.

CARAUD (J.)

5 — *La Cuisinière.*

Signé à gauche.

Panneau. Haut., 40 cent.; larg., 33 cent.

CASSINELLI

6 — *Barques de pêche.*

Signé à gauche.

Toile. Haut., 54 cent.; larg., 65 cent.

CAUCHOIS

7 — *Nature morte : homards, poissons, moules et cuivres.*

Signé à droite.

Toile. Haut., 46 cent.; larg., 33 cent.

COURANT (MAURICE)

8 — *Le Remorqueur.*

Signé à gauche.

Toile. Haut., 46 cent.; larg., 65 cent.

COURANT (Maurice)

9 — *Le Petit Pêcheur.*

Signé à gauche.

Toile. Haut., 38 cent.; larg., 55 cent.

COYPEL ? (Charles-Ant.)

10 — *La Vendange.*

Toile. Haut., 63 cent.; larg., 81 cent.

DECAMPS (A.)

11 — *Cour de ferme.*

Signé à droite.

Toile. Haut., 60 cent.; larg., 40 cent.

DEFAUX (A.)

12 — *Bords de la Seine.*

Signé à gauche.

Toile. Haut., 43 cent.; larg., 56 cent.

DUEZ (E.)

13 — *La Jetée à Trouville.*

Signé à gauche.

Toile. Haut., 92 cent.; larg., 72 cent.

ÉCOLE FRANÇAISE

14 — *La Leçon de musique.*

Toile. Haut., 1 m. 55 cent.; larg., 1 m. 8 cent.

ÉCOLE FRANÇAISE

15 — *Scène mythologique.*

Toile. Haut., 1 m. 2 cent.; larg., 1 m. 30 cent.

ÉCOLE FLAMANDE

16 — *Pêcheur et Canards.*

Panneau. Haut., 35 cent.; larg., 32 cent.

ÉCOLE MODERNE

17 — *Portrait d'Homme.*

Toile de forme ovale.

Haut., 70 cent.; larg., 55 cent.

ÉCOLE MODERNE

18 — *Chemin descendant à la vallée.*

Toile. Haut., 50 cent.; larg., 61 cent.

ÉCOLE MODERNE

19 — *Le Billet de logement.*

Toile. Haut., 38 cent.; larg., 46 cent.

FURCY DE LAVAULT

20 — *Nature morte : crevettes, huîtres, ci-tron.*

Signé à gauche,

Panneau. Haut., 32 cent.; larg., 40 cent.

GERVEX (H.)

21 — *Etude de plafond.*

Signé à gauche.

Toile. Haut., 68 cent.; larg., 49 cent.

GIACOMETTI

22 — *Environs de Naples.*

Signé à droite.

Panneau. Haut., 9 cent. ; larg., 13 cent

GITTARD (A.)

23 — *Ferme au bord de l'eau.*

Signé à droite.

Toile. Haut., 50 cent.; larg., 74 cent.

GROSJEAN (H.)

24 — *La Montagne des Chênes (Ain).*

Signé à droite.

Toile. Haut., 51 cent.; larg., 74 cent.

GUELDRY

25 — *La Lecture.*

Signé à droite.

Toile. Haut., 38 cent.; larg., 55 cent.

GUICHARD (J.-H.)

26 — *Barques de pêche, près Naples.*

Signé à gauche.

Toile. Haut., 71 cent.; larg., 1 m. 20 cent.

HÉREAU (JULES)

27 — *La Mer à Villers.*

Signé à gauche.

Toile. Haut., 60 cent.; larg., 74 cent.

HERMANN-LÉON

28 — *Setters retrouvant une perdrix.*

Signé à gauche.

Toile. Haut., 1 m. 74 cent.; larg., 1 m. 40 cent.

JACQUAND (CLAUDIUS)

29 — *Moines.*

Signé à droite.

Toile. Haut., 46 cent ; larg., 54 cent.

JADIN (L.-G.)

30 — *Lévriers.*

Signé à droite.

Panneau. Haut., 25 cent.; larg., 33 cent.

LAMBERT (Eug.)

31 — *Caniche et Chat.*

Signé à droite.

Toile. Haut. 58 cent.; larg., 74 cent.

LANSYER

32 — *Plage du Raz, Douarnenez.*

Signé à droite.

Toile. Haut., 27 cent.; larg., 40 cent.

LE COMTE DU NOUY

33 — *Eschyle.*

Toile. Haut., 40 cent.; larg., 31 cent.

LEMAIRE (Madeleine)

34 — *Femme à l'éventail.*

Signé à droite.

Toile. Haut., 65 cent.; larg., 54 cent.

MASSÉ (J.)

35 — *Route de village.*

Signé à droite.

Toile. Haut., 54 cent.; larg., 65 cent.

MICHEL (Genre de G.)

36 — *Mer basse.*

Toile. Haut., 33 cent.; larg., 44 cent.

OUDRY (École de J.-B.)

37 — *La Visite, Chien et Chatte.*

Toile. Haut., 1 mètre; larg., 1 m. 50 cent.

PATEL (Pierre-Antoine)

38 — *Paysage d'Italie.*

Signé à gauche et daté : *1700.*

Toile. Haut., 86 cent.; larg., 58 cent.

PATEL (Pierre-Antoine)

39 — *Paysage d'Italie.*

Signé à droite et daté : *1700.*

Toile. Haut., 86 cent.; larg., 58 cent.

PELOUSE

40 — *Étang à Rochefort-en-Terre, Morbihan.*

Signé à droite.

Panneau. Haut., 26 cent.; larg., 40 cent.

QUINTON

41 — *Vaches au pâturage.*

Signé à gauche.

Toile Haut., 25 cent.; larg., 33 cent.

QUINTON

42 — *Chevaux à l'abreuvoir.*

Signé à gauche.

Toile. Haut , 25 cent.; larg., 33 cent.

RENOUF

43 — *Une Ferme, à Honfleur.*

> Signé à droite du monogramme **R**.
>
> Toile. Haut., 33 cent.; larg., 40 cent.

RENOUF

44 — *Le Naufragé.*

> Signé à gauche.
>
> Toile. Haut., 65 cent.; larg., 81 cent.

REYNAUD (F.)

45 — *Marchande de grenades.*

> Signé à gauche.
>
> Toile. Haut., 65 cent.; larg., 50 cent.

ROUSSEAU (Ph.)

46 — *Nature morte : Poissons.*

> Signé à gauche.
>
> Panneau. Haut., 19 cent.; larg., 27 cent.

SCALBERT (J.)

47 — *Une Fine Bouteille.*

> Signé à gauche.
>
> Panneau. Haut., 46 cent.; larg., 54 cent.

SCHALKEN (G.)

48 — *L'Écrivain.*

> Panneau. Haut., 17 cent.; larg., 15 cent.

WASHINGTON

49 — *Arabes baignant leurs chevaux, côte d'Algérie.*

Signé à gauche.

Toile. Haut., 65 cent.; larg., 92 cent.

WEVER (Paul)

50 — *Portrait de Miguel de Cervantès Saavedra.*

Signé à gauche.
Peint sur cuivre.

Haut., 62 cent.; larg., 64 cent.

WILLEMS

51 — *Chez l'Antiquaire.*

Signé à gauche.

Toile. Haut., 65 cent.; larg., 50 cent.

YUNDT (G.)

52 — *Environs de Monaco.*

Signé à gauche.

Toile. Haut., 46 cent.; larg., 54 cent.

PASTELS, AQUARELLES
DESSINS

CARGILL

53 — *Honfleur, marée basse.*

> Aquarelle.
> Signée à droite.

COURANT (Maurice)

54 — *Barques de pêche, mer calme.*

> Aquarelle.
> Signée à gauche.

ÉCOLE MODERNE

55 à 58 — *Cerises, Pêches, Prunes et Poires.*

> Quatre pastels.

GALBRUN

59 — *Jeune Homme Louis XV.*

> Dessin.
> Signé à gauche.

60 — *Tête de Femme.*

> Pastel.
> Signé à gauche.

JAFFREUX (J.-B.)

61 — *Route de forêt.*

> Aquarelle.
> Signée à gauche.

LARCHER (Emile)

62 — *Sur la Falaise.*

> Éventail.
> Aquarelle.
> Signée à gauche.

STEIN (Georges)

63 — *Près de l'Opéra.*

> Aquarelle.
> Signée à gauche.

TOURNY

64 — *La Veuve.*

> Aquarelle.
> Signée à gauche.

GRAVURES

BERTRAND

65 — *Louis XVIII.*
>Gravure au burin avant la lettre, d'après
>Buquet.

CARDEN

66 — *Hébé.*
>Gravure en couleur, d'après Huet.

GRÜN

67 — *Félix Faure.*

68 — *Ça, c'est épatant, je te croyais Juif.*

JUKE

69 — *Near Dolyminyllyn.*
>Gravure anglaise, d'après Walmsley.

KŒNICK

70 — *Errigone.*
>Gravure anglaise.

MESPÈS

71 — *Souvenir du Bal des Quat'-z-Arts.*
    Lithographie avant la lettre.

PRESTEL (Mary-Cath.)

72 — *A Wood Scene.*
    Gravure anglaise, d'après Breughel.

REYNOLDS (S.-W.)

73 — *Souvenir.*
    Burin, d'après Dubufe.

74 — *Regrets.*
    Burin, d'après Dubufe.